AF665077

Alexander Sartor

Lauffeuer

42 Gedichte im Weg

FSC
www.fsc.org
MIX
Papier aus verantwortungsvollen Quellen
Paper from responsible sources
FSC® C105338

Bibliografische Information der Deutschen Nationalbibliothek: Die Deutsche Nationalbibliothek verzeichnet diese Publikation in der Deutschen Nationalbibliografie; detaillierte bibliografische Daten sind im Internet über dnb.dnb.de abrufbar.

Die automatisierte Analyse des Werkes, um daraus Informationen insbesondere über Muster, Trends und Korrelationen gemäß §44b UrhG („Text und Data Mining") zu gewinnen, ist untersagt.

© 2024 Alexander Sartor
e-mail: der-maulwurf-sieht@web.de

Verlag: BoD • Books on Demand GmbH, In de Tarpen 42, 22848 Norderstedt

Druck: Libri Plureos GmbH, Friedensallee 273, 22763 Hamburg

ISBN: 978-3-7597-6080-7

Einleitung

Es war einmal ein Mann, der wollte die Zeit aufhalten. So ging er hinaus in die Hügel vor die Stadt und rief: **“Zeit steh‘ still!“**

Da kam ein Reiter des Weges und sagte zu ihm: „Wenn dies dein Wunsch ist, so sei er dir erfüllt“. Und er zog seinen Degen und er stach ihn dem Mann in die Brust.

Zu dem Toten sagte er sodann: „Es gibt nur eine Zeit. Deine Zeit. Und ihr Wesen ist Wandlung. Wer die Veränderung nicht will, der will auch nicht das Leben.“ Dann ritt er weiter.

Georg Danzer

Intro zu „Die Ruhe vor dem Sturm“ / 1981

Teil 1

HinWeg

HinWeg

Bin dort hier

Bin dort Ziel

Bin dort mir

Bin mir hier

Bin mir Ziel

Bin hier mir

Bin hier Weg

Bin dort Weg

Bin weg hier

Vom Start weg

Der Kern
die Mitte
Horizont
vom Start weg

Die Kraft
der Puls
Zuckerbrot
vom Start weg

Der Kuss
der Bund
Kunterbunt
vom Start weg

Die Flügel
der Traum
Füllhorn
vom Start weg

Das Los
das Davon
Vogelfrei
vom Start weg

Allem Ende Anfang

Du bist nicht Fisch
nicht eingefleischt
voraus deiner Zeit
keinem Spiel bereit
alles ist dir zu leid

Du bist nicht falsch
gefühlt zu gescheit
bleibst jedem fremd
keinem im Geleit
genügst Einsamkeit

Du bist nicht Freund
niemandem Feind
dein altes Leid
stellt dir ein Bein
Ende will Anfang sein

Nur einen Koffer

Der Lebensfreude
zu gern verpflichtet
ist mir plötzlich
Zeit neu gewichtet

Viel Kopfgepäck
Herzkammern voll
die Mördergrube
macht mich rasend

Doch wohin noch
aller Geisterbahnen
die Elefantenhaut
ist mir angeraten

Scharfes Zünglein
an der Waage
begreife ich nicht
meine Ausgangslage

Ich beiße mich fest
finde kein Nest
jeden Augenblick
gehe ich meiner Tage

Nur einen Koffer (Seite2)

Schlüssel Entschluss
Heimat im Schoß
lokal nie eingefleischt
entkomme ich seitab

Mein Wurzelballast
hindert im Leben
mich auf leiser Sohle
Fährten zu ergeben

So habe ich soeben
die Sanduhr gedreht
bin meinem Tagweg
ins Licht entgangen

Selbst dem Glückspilz
wäre es höchste Not
mich in dieser Höhe
noch einzufangen

Schwindelfrei

Vor meine Maskerade
den Schatten voraus
habe ich eingelenkt
mir Sonne geschenkt

Jetzt ergebe ich Sinn
nach außen gekehrt
wächst kein Mensch
nach innen verkehrt

Wer wie davon denkt
habe ich mit Handkuss
in die Mördergrube
meines Herzens versenkt

Ins Leben gezeichnet

Das Leben hat mir wohl
einen Bären aufgebunden
ich zog ein Freizeitlos
zur Kür meiner Stunden
Extrarunden hier unten

Zuerst habe ich den Kopf
mal zur Seite gelegt
sogleich hat frischer Wind
mich mitgenommen
und über‘s Land geweht

Im Ziel ist Spielende

Es scheinen Wege
der Strecke geblieben
Überholmanöver
in Umlaufbahnen
passieren mir rastlos
an jeder Kreuzung
auf jeder Lichtung
niemand zu sehen

Es wuchern Wege
der Strecke verblieben
wild verwachsen
über meinem Kopf
hinaus verbaut
erst am Scheidweg
bleibe ich stehen

Es bluten Wege
gestreckt aufgerieben
bloß nicht ins Ziel
so ganz allein
von wegen wegkommen
alle Wege fluchten
im Einbahn-Requiem

Endweh Stille

Scheidweg erreicht
falschen Fuß gesetzt
Passgang genommen
Lebensgarn zerfetzt

Risse im Dachgebälk
Koma im Hauptquartier
kein Ausblick zurück
gerichtet wird gleich hier

Station Endweh Stille
nicht mehr rühren
Ausstieg Niemandsland
Päckchen schnüren

Jetzt nicht aufgeben
Ortung verlieren
der Weg sich bekennt
Leuchtfeuer brennt

Morgen passiert mir

Morgen passiert mir
Wagnis Erinnerung
Gedanken kranken
jetzt Tabula rasa
alle Taue kappen
meine Kopf-Quiz
Dünnbrettlagen
querfeldein begraben

Aus sicherem Hafen
ganz aus mir heraus
zur Ferne gerichtet
sternwärts navigieren
reiner Lebensfreude
was auch geschieht
es heißt jetzt gar nie
mein Herz weiß wie

Ich komme davon

Anfangs naiv
peinlich berührt
beschwor ich mich
das Clowns-Kostüm
zog mich lange an
dem Lebensgarn
nun Kerben geritzt
schiefem Grinsen
Leichtsinn gewitzt
ist mir beschieden
dem Ende entgegen
in mein Märchen
aufzufliegen

Lichteinfall

Allerlei Weisen
vieler Richtung weisen

Allerlei Absicht
entdecke ich mein Licht

Allerlei Sagen
sozusagen loszusagen

Allerlei Wegen
die Zuversicht in mich

Lebensfluss

Schon am Morgen
trifft mich Heute
flächenbrandend
versandende Zeit
die heißen Wellen
sich mir ergießt
meine Aussicht
gegenwärtig verzerrt
meinen Weitblick
ins Meer vertieft

Jeder Atemzug
ist laues Lüftchen
im kalten Ziel
das Leben fließt
in Glückslotterie
Hand in Hand
sich uferlos bereit
küsst der Traum
in Wirklichkeit
die Erinnerung
an Vollkommenheit

Zucker das Salz

Statt den Leitwolf
mir auszusuchen
ist mir ganz neu
das schwarze Schaf
voll einzubuchen

Schweren Herzens
verzogenes Lachen
im Spiegel gesichtet
der Zeit gerichtet
Ausblick berichtigt

Zu vieler Feiertage
zur Party geladen
ein stiller Schrei
das bin doch ich
aller Tage Abend

Zurück im Fluss
zum reinen Quell
auf den Grund
am alten Brunnen
gebrochenen Krug

Zucker das Salz (Seite 2)

Auf zur Rutschpartie
dieser Seifenoper
im Tortenboden
meiner Tatsachen
Abfahrt machen

Vernunft aufgeben
den Geist vereinen
fürwahr was war
ist im Rückblick
mir sehr surreal

Jetzt sehe ich auf
der Weg ist weit weg
darauf gehe ich ein
auf mich im Kern
einen Weg allein

Der grüne Zweig

Musik spielt auf
kommt bei mir an
Ton in Ton gemeinsam
in Schicksals Aushang

Weg ist Übergang
ein Liebeslied entlang
Harmonie im Einklang
bei offenem Ausgang

Teil 2

Hin&Weg

Hin&Weg

In Spur gesetzt
Gang eingelegt
ausgestreckt
meinem Weg

Vom Start weg
immer voraus
Zielentfernung
ohne Rückweg

Doch nahezu
unter ferner
liefen sie
hin und weg

Nähe in so Fern
ist so weit weg
insofern
nichts als Weg

Wohin sie ferner liefen

Im Ausweg leben
Realität schmieden
jedes Strohfeuer
ist im Scheiterhaufen
heißem Dampf ergeben

Darum für später
genug nachnehmen
mich aller Sinne
zusammenraufen
nach Erleben streben

Immer guter Laune
lasst mir Lachgas
ja irgendwann
gelingt mir das
mein Glück zu pflegen

Meine Welt

Ich gehe jetzt
ganz aus mir heraus

Die Welt beschauen
Schatten erleuchten
bis sie mir scheinen

Ich gehe jetzt
ganz tief mir hinein

Meine Welt erbauen
in gutem Glauben
die Saat wird keimen

Lose Enden

Die Wirklichkeit
ist den Schatten
hervorgetreten
doch jedem Weg
sind Irrlichter
vorangestellt

Fast läuft es
am Schnürchen
Knoten sind gelöst
lose Bande
hängen zielgerissen
vom Himmelszelt

Das Märchenbuch
sonnenmilchverklebt
ist ganz entstellt
alles ist einfach
und Fünf gerade so
wie der Würfel fällt

Idee frißt Zombie

Mein Paradies auf Erden
ist beherzter Stunden
in die Jahre gekommen

Bin besten Absichten
meiner Zeit verirrt
doch sehr benommen

Altem Zauber Geist
wie mir nun scheint
die Leuchtfarbe weicht

Habe mein Feuerwerk
sogleich wiederbelebt
Himmelszelt Schauspiel.

Idee frißt Zombie

So sehr Licht

So sehr Licht
den Tag entdeckt
bin früh des Wegs
im Regen steht
wer spät eincheckt

So sehr Zauber
der Wunder gewahr
aller Bahnen Licht
sind meine Arme
weit ausgestreckt

So weit laufen
über diese Welt
bis wir dann fliegen
wann noch Wahn
ist Blut geleckt

Licht zu Grunde

Du schläfst nicht
augenscheinlich
stets suchtbewacht
falsche Farbepracht
dein Sonnenanbeter
sucht Kontakt

Du schläfst weiter
doch du bist
längst aufgewacht
fliegst in den Traum
deine lange Nacht
sei dir Andacht

Du bist erwacht
im Augenblick
Koma-Verdacht
Licht erbricht Tag
dein Morgengrauen
die Sonne lacht

Vorsicht Kinderspiel

Dem Lebenslauf
bist du verfallen
liebst dein Planspiel

Deinem Spiegelbild
ist All-In gesetzt
sei dir eigenes Ziel

Viele Erinnerungen
verschwimmen Dir
gebranntem Kind

Weit ist der Weg
zur Weitsicht hin
sei dir selbst gewahr

Scheine jeden Tag
erleuchte die Nacht
deinem Film als Star

Pfadfinder nach Eden

Hinter dem Kartenhaus
bei den Sandburgen
im Schlaraffenland
da steht mein Schloss

Dorthin
brenne ich durch
stehe meinem Licht bloß

Kopflos gedeiht mir
Himmelsbohnenrank
jetzt auf und weg
über‘s schmale Brett

Bis dahin
ich brenne durch
reite auf meinem Feuerroß

Sei dir Verbündeter

Dein eigenes Leben
braucht nur dich
dann läuft es rund
braucht den Impuls
kein Abziehbild
den wahren Fund

Bin nun mit Glück
im Gleichgewicht
Wehklage geschenkt
manch‘ Fehlgesuch
noch Wackerstein
im Magen versenkt

Ein Talent für jeden
gespaltener Zunge
ist jedes Wort fein
weshalb das warum
ich lache mehr
es mag Antwort sein

Lotterleben

Die Tassen hoch!

Verfallenen Werten
bin ich erfrischt
mir ausgetreten
derzeit gar soweit
um selbstverliebt
Aufarbeit Leben
Kehraus zu vergeben

Prosit Abenteuer!

Meine Wirklichkeit
wird Heute geborgen
auf eigene Haftung
ist betreten geboten
gute Aussichten
nur Wettersorgen
Lotterleben ab Morgen

SUBsTANZ

Aller Tage Sein
gesundem Lachen
in Aberwitz zuckern
Lauffeuer entfachen

Mit voller Absicht
auch sehr verwegen
ist ein Lotterleben
mir sehr wohlgelegen

Licht aus Spot an

Licht aus
Wirklichkeit ist zerfetzt

Spot an
Zukunftsmusik im Jetzt

Was war gerade wahr?
gerade was wahr war:

Grundsumme Leben

Licht an
allem Anschein real

Spot aus
altem Lebensportal

Was das gerade war?
gerade war was wahr:

Grundsumme Leben

Zur rechten Zeit

Eile mit Weile
ist mir fremd
es gilt für mich
aller Tage Abend

Meiner Laufzeit
steht Ziel still
so ich kann tun
was ich will

Noch oder nie
im feinen Groben
bin ich im Weg
gut aufgehoben

Teil 3

ZielWeg

ZielWeg

Hier
im Weg

Dort
im Ziel

Hier
ZielWeg

Dort
WegZiel

Dort
im Weg

Hier
im Ziel

Meine Stimme zählt

Meine Stimme
Instrument
Melodie erklingt
im Taktgefühl

Klang erfüllt
jeder Moment
der drängt
mir geschenkt

Mein Lied
zum Abgesang
liegt brach
auf der Zunge

Auf guten Ton
gepfiffen
Zeit habe ich
All-In begriffen

Tiefengrund

Die frühe Weisheit
kommt ins Alter
Zeit verzieht sich
mit Mann und Maus

Witze im Keller
sind mir totgelacht
aus Tiefengrund
zog ich mich raus

Spät meiner Tage
ist noch ein Los
für mich bestimmt
davon gehe ich aus

Ich stehe meinen Mann

Ich stehe in Schusslinie
in der Zwickmühle
zwischen allen Fronten
im gefallenen Wort

Ich stehe meinen Mann

Ich stehe mir im Fluss
gerüstet dem Fortlauf
auf sicherem Steg
an uferlosem Weg

Ich stehe meinen Mann

Ich stehe am Neuanfang
voll im Geschehen
auf eigenen Füßen
unter ferner liefen

Ich stehe meinen Mann

Fersengeld

Abtauchen

Unter die Oberfläche
mir Zeit schenken
mich ausbalanciert
Feng-Shui versenken
Ich lache leise

Erziehen

Durst zur Ausreise
Ideal tilt Idee gilt
sehr erwachsen
denke ich altersmild
Ich lache leise

Fersengeld (Seite2)

Loslassen

Der Zeit verweilt
wer kein Ziel anpeilt
es ist wichtig
dass ich mir reiche
Ich lache leise

Beflügeln

Mit bunten Losen
auf meine Weise
im Schritt zum Greise
sinnlich statt weise
Ich lache leise

Beispiellos

Beispiellos
über alle Maßen
verliebt ins Leben
mein Zaubertrank
Sucht erster Klassen
für Romantiker
übriggelassen

Schicksalsrad
sitzt mit am Steuer
Abseits der Massen
jetzt Gas anpassen
steiler Kurven
will Fliehkraft
mich erfassen

Sein lassen

Zug um Zug
Leben am Limit
in Zuckerwatte
süß eingehüllt

Paradies so fern
in Teufels Geleit
kein Abweg
ist mir zu weit

Bunten Tagen
halte ich Ziel
treff‘ ins Schwarze
wenn ich will

Auf los geht’s los
bei den Göttern
ich bin soweit
zu allem bereit

Rosarote Brille

In der Schnapsidee
Kopfparasit befangen
sehr glückstrunken
stets Wirt genährt
hat sich der Spiegel
mir bald beschwert

Sinnlich versponnen
Leichtsinn verzerrt
krankes Kind gebärt
doch so mag ich das
die rosarote Brille
meine Welt verzerrt

Kraftakt

Missgunst
hinzunehmen
aller Ausnutzung
entgegen zu stehen
dagegen zu gehen
mitzuschwimmen
weiter anzustimmen
der Hoffnung Absicht
Klagemauern anzurennen
im Keller zu lachen
ins Kissen zu flennen
Worte zu jonglieren
Schattenspiel heraus
im Hier zu bestehen
dort zu verlieren

Kraftlos

Lebensmuster
in Tage zu retten
Baustellen im Herzen
an Glück zu ketten
verzogene Zeit
altersmilde einzufetten
mich aufzustellen
mittig einzubetten
neugierig zu bleiben
im Wesentlichen
Weg zu beschreiten
Leben behält sich
sehr kantige Ecken
so kleines Gepäck
kurze Wanderstrecken

Kraftpaket

Thor im Eigentor
in mir befangen
lüge ich dir
mein Sonnenschein
was im All gemein
unseren Sternen steht
nichts mehr vor
bevor Licht dimmt
mein Traum droht
purem Sein
im Gedenken verlegen
zu verwehen
schenke ich mir
reinen Wein ein
vergehe in mein Leben

Weitsprung über Fluchten

Heute
Ablauf eingestellt

Zügel loslassen
Flügel loslassen

Einstellung abgelegt
Abstellung eingelegt

Zügellos lassen
Flügellos lassen

Morgen
Fortlauf ausgesetzt

Wünschelrute

Spüre den Mitwind
der in die Ferne zieht
Lockruf Außenwelt
dringt heran

Guter Rat ist
Fahrt aufzunehmen
in deinen Weg
eigenem Fang

Bleibt ein Wunsch
dein Herz klopft an
so das Jedermann
dich hören kann

Mag deine Weitsicht
Kern Neugier sein
mal ist der Weg Ziel
so kommst du an

I deal

Ein Gehweg
‚geh weg' Ziel
lässt Freiraum
im Tagtraum

Ein Ausweg
die Schnapsidee
3-Wünsche Fee
gegen I deal

Ein Aufweg
aufgestickt
dem Fernweh
losem Band

Ein Hinweg
im Uhrglas
ist blickfixiert
mein Strand

Palaver zur Leichtigkeit

Alles
ist hausgemacht
wird Morgen
schon verblassen
Steckenpferde
Schäfchenwolken
werden vergehen

Alles
ist Sein lassen

Deine Geschichte
wird der Zeit
nicht widerstehen
das letzte Hemd
wird passen

Der letzte Schrei

Auf ein Wiedersehen
Schritt für Schritt
Entfernung ergibt

Gute Aussicht vor Ort
auf diesem Weg
zieht‘s mich weiter fort

Auf dem Absatz kehrt
diesem Kapitel erlöst
mache ich einen Satz

Noch viele Küsschens
jedem lieben Sinn
halte ich letztes Wort

GLOSSAR

Teil 1 HinWeg

GLOSSAR

Teil 2 Hin & Weg

GLOSSAR

Teil 3 ZielWeg

Anmerkung: dieses Gedichtband ist Teil 1 der Trilogie:

Band 1	**Lauffeuer**	(42 Gedichte im Weg)
Band 2	erscheint in Kürze	(x Gedichte in Liebe)
Band 3	erscheint in Kürze	(x Gedichte im Sinn)